I0166929

Francisco de Rojas Zorrilla

La esmeralda del amor

Barcelona **2024**
Linkgua-ediciones.com

Créditos

Título original: La esmeralda del amor.

© 2024, Red ediciones S.L.

e-mail: info@linkgua.com

Diseño de cubierta: Michel Mallard.

ISBN tapa dura: 978-84-9953-619-4.
ISBN rústica: 978-84-9816-224-0.
ISBN ebook: 978-84-9897-769-1.

Cualquier forma de reproducción, distribución, comunicación pública o transformación de esta obra solo puede ser realizada con la autorización de sus titulares, salvo excepción prevista por la ley. Diríjase a CEDRO (Centro Español de Derechos Reprográficos, www.cedro.org) si necesita fotocopiar, escanear o hacer copias digitales de algún fragmento de esta obra.

Sumario

Créditos _____ **4**

Brevísima presentación _____ **7**
   La vida _____7

Personajes _____ **8**

Jornada primera _____ **9**

Jornada segunda _____ **45**

Jornada tercera _____ **79**

Libros a la carta _____ **111**

Brevísima presentación

La vida

Francisco de Rojas Zorrilla (Toledo, 1607-Madrid, 1648). España.

Hijo de un militar toledano de origen judío, nació el 4 de octubre de 1607. Estudió en Salamanca y luego se trasladó a Madrid, donde vivió el resto de su vida. Fue uno de los poetas preferidos de la corte de Felipe IV. En 1645 obtuvo, por intervención del rey, el hábito de Santiago.

Empezó a escribir en 1632, junto a Pérez Montalbán y Calderón de la Barca, la tragedia El monstruo de la fortuna. Más tarde colaboró también con Vélez de Guevara, Mira de Amescua y otros autores.

Felipe IV protegió a Rojas y pronto las comedias de éste fueron a palacio; su sátira contra sus colegas fue tan dura al parecer que alguno de los ofendidos o algún matón a sueldo le dio varias cuchilladas que casi lo matan. En 1640, y para el estreno de un nuevo teatro construido con todo lujo, compuso por encargo la comedia *Los bandos de Verona*. El monarca, satisfecho con el dramaturgo, se empeñó en concederle el hábito de Santiago: las primeras informaciones no probaron ni su hidalguía ni su limpieza de sangre, antes bien, la empañaron; pero una segunda investigación que tuvo por escribano a Quevedo, mereció el placer y fue confirmado en el hábito (1643). En 1644, desolado el monarca por la muerte de su esposa Isabel de Borbón y poco más tarde por la de su hijo, ordenó clausurar los tablados, que no se abrirán ya en vida de Rojas Zorrilla, muerto en Madrid el 23 de enero de 1648.

Personajes

El rey Carlos de Francia
El Duque, galán
El Conde, galán
El Marqués, barba
La Infanta, dama
Blancaflor, dama
Isabela, dama
Felina, criada
Un Griego, viejo
Alfeo, músico
Pierres, gracioso
Dos soldados
Dos pretendientes
Música
Acompañamiento

Jornada primera

(Tocan cajas y clarines, y salen por un lado el Rey y acompañamiento, y por el otro el Duque, el Conde y el Marqués, barba.)

Marqués   Rey nuestro, rey francés, Carlos valiente,
señor de los imperios del Oriente,
cuyo renombre aclama
el bronce de la fama,
sed ml veces a Francia bien venido;
vuestras plantas me dad.

(Arrodíllase.)

Rey   Agradecido,
(Abrázalos.)   para tan nobles lazos
apercibo los brazos.

Duque   ¡Quién de vuestro valor, vuestros alientos,
supiera la verdad!

Rey   Estadme atentos:
por la margen amena del Rhin marcha
el lombardo escuadrón con tanto brío,
que del Enero no temió la escarcha
ni sintió los rigores del estío;
aquél vibra la pica y éste la hacha,
provocando a batalla y desafío,
a sombras de su bárbaro estandarte,
rayos de Jove y cóleras de Marte.
Descubrió nuestro ejército su gente
cuando dispierta la rosada aurora,
y en los hermosos campos del Oriente
rayos bebe de luz, que en perlas llora

al mismo tiempo el Sol sacó la frente,
en vano los laureles enamora,
y volviose a esconder, que no quería
ver el horror de aquel tremendo día.
Turba el cielo su faz, no está serena,
la tierra se estremece, el cielo brama,
condénsase el vapor, la nube truena,
relámpago es la luz, rayo la llama,
las nubes dan horror, los aires pena,
la niebla crece, en sombras se derrama,
no vuela el ave, encierra ya la fiera,
la lluvia amaga, tempestad se espera.
Las aguas se desatan con rocíos,
párase su escuadrón, marchan mis gentes,
crecen las lluvias, van cobrando bríos,
perlas del alba fueron ya sus fuentes;
pasan a ser arroyos, ya a ser ríos,
aun las esferas mares son valientes;
todo es tinieblas, apagose Febo,
ya es enojo de Dios, diluvio es nuevo.
Temblaron otra vez los empinados
montes al verse en aguas sumergidos,
temieron otra vez verse anegados
los pájaros celestes en sus nidos;
en las cóncavas grutas encerrados
los brutos de temor dieron bramidos;
las nubes el Océano se beben,
revientan luego y lo bebido llueven.
Su ejército gentil se desbarata,
al terrestre naufragio animo el mío,
con pecho denodado embiste y mata,
porque los cielos le llovieron brío;
y por teñir de carmesí su plata,
rompió las verdes márgenes el río,

y a los muertos, que en hombros se llevaba,
vivos sepulcros en sus peces daba.
Inundar mi campaña no podían
los cristales, quizá de lisonjeros,
y aquellos que sin ánimo temían
el gran valor de mis soldados fieros
al agua se arrojaban, y bebían
la sangre de sus mismos compañeros,
y el eco de mi nombre era más fuerte
que el parasismo de la misma muerte;
quedamos yo y el agua vencedores,
la tempestad funesta se retira,
de las nubes cesaron los rigores,
el zafir de los cielos ya se mira;
sale el arco de paz de tres colores,
el mundo vuelve en sí, todo respira,
las nubes pinta el Sol con listas de oro
y un rayo se asomaba a cada poro.
Vuelan las aves, caracoles hacen,
corren las fieras, retozando braman,
vense las plantas, florecillas nacen,
pájaros cantan yen su voz me aclaman;
salen rebaños, la campaña pacen,
todo es aplausos, vencedor me aclaman,
mi mano espera, si esperó mi frente
laureles de Asia, imperios de Occidente.

Duque   Al cielo ruego que hasta el africano
             el castigo se alargue de tu mano.

Conde   Siendo tu brazo ¡oh Carlos sin segundo!
             Asombro de los términos del mundo.

Rey   Conde, sepa mi hermana que he llegado.

Conde	Ya voy a hacerlo que me has mandado.
(Aparte.)	(Hoy un nuevo cuidado me desvela;
	al Rey quiere Isabela,
	y aunque él no ha estimado,
	puede volver trocado;
	morirá mi esperanza,
	pues que vive en la ausencia la mudanza.)

(Vase.)

Duque (Aparte.)	(El Rey a Blanca quiere,
	y ella le corresponde, mi amor muere;
	mas puede ser que él se haya convencido
	o que la guerra le causase olvido;
	aliente mi esperanza,
	pues que vive en laausencia la mudanza.)

(Sale Isabela, dama.)

Isabela	Carlos viene, y el rumor
	del aplauso popular
	dice que debe triunfar
	tan dichoso vencedor;
	en, malogrado amor,
	aunque nunca os ha querido,
	no os acobarde el olvido,
	siempre le habéis de querer,
	y dejémonos vencer
	de quien reyes ha vencido.

(Sale Blancaflor.)

Blancaflor	Mi hermosa competidora,

como yo, al Parque desciende,
y recibirle pretende,
siendo de su luz aurora;
pero si Carlos me adora
y si Carlos la aborrece,
más mi lástima merece
que mi envidia. ¡Ah desdichada!
Tú quedarás desairada
si ves que me favorece.

Rey

Por el Parque quiero entrar,
porque pisando claveles,
encontraré con laureles
que me puedan coronar;
Isabela y Blancaflor
a recibirme han bajado;
a Isabela he desdeñado
cuando a Blanca tuve amor;
pero si con pompa y gloria
a mis contrarios vencí,
hoy me he de vencer a mí,
que es más difícil victoria;
ya no hay pretender ni amar,
y para que todos vean
esta mudanza y la crean,
ni la he de hablar ni mirar.

Blancaflor

Vuestra majestad, señor,
alcance tantas victorias
que las humanas memorias
nunca olviden su valor;
queden las historias llenas,
y escríbanse tantas sumas
que esté la fama sin plumas

para escribir las ajenas;
tus sienes coronen fieles
tan varios climas y zonas
que para tantas coronas
falten al mundo laureles;
y tu imperio sin segundo,
con los reinos que le da,
casi llegue más allá
de los términos del mundo;
porque sin tener contrarios
vuestros magnánimos bríos,
serán los mares y ríos
del Ródano tributarios.

Rey   Bien está.

Isabela   Tus ojos vean
tantos triunfos soberanos,
que los antiguos romanos
átomos y sombras sean;
sea París una escuela
donde se aprenda a vencer
de vuestro inmenso poder.

Rey   Está bien dicho, Isabela;
vos ¿cómo estáis? Porque el día,
cuando la tarde y mañana
tiñe de nieve y de grana,
no causa tanta alegría;
gusto de veros.

Isabela   Señor,
favor es ese que espanta.

Rey	¿Está en su cuarto la Infanta?
Isabela	Ya espera en el corredor.
Rey	Es mi hermana agradecida. ¿Cómo vos no la avisáis? Porque quiero que seáis lucero de mi venida; id delante, ya que he entrado viéndoos con dicha mayor.
Isabela	Gracias te he de dar, amor, pues Carlos viene mudado.

(Vase.)

Rey	Esto es saberse vencer, ya empiezo a vivir en mí; vine, no miré, y vencí; rey de mí mismo he de ser.

(Vanse todos, menos el Duque y Blancaflor.)

Duque	Blancaflor, cuyas divinas partes el cielo ha copiado, pues es su luz un traslado, flor que naces entre espinas de desdenes para mí, ya con esperanza cierta, como vela recién muerta, en viendo tu luz viví; ya si que vida poseo, ya el alma se me ha infundido, porque hasta ahora he vivido

en virtud de lo que veo.

Blancaflor (Aparte.)   (Rasgó una nube su seno
por dar asombros a Mayo,
y abortó en giros un rayo
tras los gemidos de mi trueno;
dieron las ardientes llamas
en un árbol acopado,
y cada vez le han dejado
sin flores, hojas ni ramas;
al pie del tronco se halló
villano medio dormido,
y despierto al estallido,
al susto no despertó;
tal duda y temor concibe
viendo aquel árbol deshecho,
que se tienta ojos y pecho
para ver si duerme o vive;
así yo quedo de suerte,
que en término tan pequeño,
ni sé si mi mal es sueño,
ni si es la misma muerte;
bajó un rayo ardiente y crudo
de un desdén, con tal pujanza,
que el árbol de mi esperanza
dejó abrasado y desnudo;
comparación mala fue,
si soy el árbol herido,
y no el villano dormido,
ni vivo ni desperté.
¡Ay de mí!)

Duque   Señora mía,
mientras divertida estás,

aliento y vida no das
al duque de Normandía;
a ti misma te recoge,
cobra, cobra tus sentidos,
para mí mal divertidos,
y la cuerda al arco afloje
o tu rigor o mi amor.

Blancaflor (Aparte.)   (Efectos son de la ausencia;
¿a Isabela en mi presencia
un favor y otro favor,
y a mí seco un «bien está»
sin hablarme más ni verme?
Era que mi dicha duerme.
¡Ay Dios! ¿Si despertará?
¿A qué propósito vino,
« Bien está», con voz airada?
Ni informé ni pedí nada;
yo no sé con qué convino,
«bien está», de quien fue amante;
o fue decir «bien está»
enfado tu voz me da,
no pases más adelante».)

Duque   Iguales pienso que estamos:
Carlos no te escucha a ti,
tú no me escuchas a mí.
Uno de otro nos vengamos.

(Sale Pierres, gracioso.)

Pierres   Ah, señor, que llama el Rey.

Blancaflor   Quiso, olvidé, quiero, olvida,

ley del hombre es ley fingida.

Duque

¿Y tú, ingrata, tienes ley?

Pierres

¿Cómo no quieres oír?
Carlos te llama, señor,
el que será emperador,
y el Magno se ha de decir,
según pronostican sabios;
Pierres es el que te avisa,
el ministro de tu risa.

Blancaflor

Basten, basten los agravios
de mi fortuna.

Duque

            Las quejas
son justas, y en vano lloras,
Carlos te deja y le adoras,
yo te adoro y tú me dejas;
es deidad amor, y así
da con justicia y razón
la pena del Talión;
Carlos me venga de ti.

Blancaflor

Duque, ya estoy advertida
que estáis ahí, y más me agrada
ser de Carlos despreciada,
que amada de ti y servida;
no tienes, no, en qué vengarte,
no recibas, no, consuelos,
que si yo muero de celos,
vuelvo a vivir de olvidarte.

Pierres

Deja amores importunos,

advierte que el Rey te llama,
haz, Duque, con esa dama
lo que hacer suelen algunos;
delante la dama lloran,
favor llaman al desdén,
a ninguno quieren bien
y en diez partes enamoran;
que te espera el Rey.

Duque   ¿Al fin
te han enseñado a llorar
estas fuentes, y no a amar
las aves de este jardín?

Blancaflor   Duque, déjame, que estoy
tan despechada, que siento
de escucharte más tormento.

Duque   Por no dártele me voy;
mira si tu bien me agrada,
que por darte más consuelos
quisiera morir de celos,
con que fueses adorada.

(Vase.)

Pierres   Gran fineza, no lo niego,
pero grande necedad;
no entiendo esa voluntad,
parece nieve y es fuego.

(Vase.)

Blancaflor   Conmigo misma quede

aunque a solas he quedado,
y el sentimiento templado,
de mí misma tomaré
consejo esta vez; autor,
discurrid ahora un poco,
y si acaso no estáis loco,
dadme aquí vuestro favor;
Isabela es la querida,
yo de Isabela envidiosa,
yo infeliz, ella dichosa,
ella amada y yo ofendida;
pero consuelo me da,
que quien a mí me quería
me ha olvidado, y otro día
a Isabela olvidará.
No es buen consuelo, porque es
lo que a la postre se quiere
la dama que se prefiere;
y aunque la olvide después,
al fin la ha estimado más;
aunque no, el primer amor
dicen que ha sido mayor;
mas no me agradó jamás
esto, que el amor postrero
el mayor sin duda ha sido
pues los otros ha vencido;
según esto, ¿qué hay? Que muero.

(Sale un Griego, viejo, de mago, huyendo.)

Griego   Ampara, señora mía,
a un hombre que injustamente
la muerte cercana siente.

Voces (Dentro.)　　¿Un hechicero, un espía,
　　　　　　　　　　se ha de escapar? Por aquí
　　　　　　　　　　pienso que ha entrado sin duda.

Blancaflor　　　　　Hombre, mi favor te ayuda;
　　　　　　　　　　no temas, llégate allí.

(Escóndese el Griego.)

(Salen dos soldados.)

Soldado I　　　　　¿Oh madama Flor? ¿Entró
　　　　　　　　　　un hombre huyendo?

Blancaflor　　　　　　　　　　　　Sí ha entrado,
　　　　　　　　　　y le amparo.

Soldado I　　　　　　　　　Tu sagrado
　　　　　　　　　　es templo que le valió.

Blancaflor　　　　　¿En qué delito ha incurrido?

Soldado II　　　　　Dicen que a hechizar venía
　　　　　　　　　　por el rey de Lombardía
　　　　　　　　　　a Carlos.

Blancaflor　　　　　　　　　Habrán mentido;
　　　　　　　　　　dejadlo, porque ha de ser
　　　　　　　　　　mi inmunidad su favor.

Soldado II　　　　　Carlos, el emperador,
　　　　　　　　　　nos le ha mandado prender
　　　　　　　　　　o matar.

Blancaflor	Culpadme a mí.
Soldado I	Diremos que no le hallamos; la vida le diste; vamos.
Soldado II	La vida goza por ti.

(Vanse los soldados.)

(Sale el Griego.)

Griego (Aparte.)   (La esmeralda que he labrado
para el rey Carlos, francés,
de ningún provecho es;
lo que mi Rey ha ordenado
tampoco he de efectuar,
poco mi pena resisto,
que si el Rey me hubiera visto
con él llegara a privar;
mas ya sin remedio estoy,
¿qué me detengo? ¿Qué aguardo?
Pues saben que soy lombardo
y mágico también soy;
mas ya que el cielo me impida
llegar con él a privar,
la esmeralda la he de dar
a la que me dio la vida.)

Blancaflor   Vete por allí.

Griego   Primero
la merced te he de pagar;
esta piedra te he de dar,
emulación del lucero;

(Dale un anillo.)

un griego soy de nación
tan sabio en la Astrología,
que admiro la ciencia mía,
aunque en aquesta ocasión
no me ha aprovechado; tray
esta esmeralda, que en ella,
por virtud de alguna estrella
secretos misterios hay;
con Carlos pensé tener
gran privanza, y quiso el hado
que fuera tan desgraciado
que nunca me pudo ver;
ya me tienen por espía,
fuerza es morir o ausentarme.

Blancaflor   Mucho sabes obligarme.

Griego   Eso verás algún día.
(Aparte.)   (Vea Carlos, de sí ajeno,
si hubo sortijas de olvido,
de amor también las ha habido
porque amor es su veneno.)

(Vase.)

Blancaflor   En un alfiler de oro
es la esmeralda cabeza.
¡Qué resplandor, qué belleza!
de joya pasa a tesoro.
Ésta ¿qué virtud tendrá?
¿Quién habrá que lo pondere?
Tenga, pues, la que tuviere,
(Pónesela.)   en mi cabeza estará:
nada en guardarla se pierde,

que aunque no quiero creer
que virtud puede tener,
quiero guardarla por verde.
Bella esmeralda, mi amor
puede tener esperanza,
pues pronósticos alcanza
mi dicha en vuestro color.

(Vase.)

(Salen Isabela y el Conde.)

Isabela   Digo, Conde, que algún día
                 tus favores escuché;
                 voluntad mi agravio fue,
                 descuido quizá sería.

Conde   Amo, Isabela, y no espero,
                 ni aún dichas mi amor aguarda;
                 supuesto que me acobarda
                 el amor, con él te quiero,

Isabela   Pues ama sin esperar,
                 ama sin darlo a entender,
                 porque callar y querer
                 es amar por solo amar;
                 tu amor finezas no alcanza,
                 si de tus labios salió:
                 querer que lo sepa yo
                 no es amar sin esperanza.

Conde   Esta amorosa fatiga
                 mi lengua no la dirá,
                 porque si la sabes ya,

¿de qué sirve que la diga?

Isabela   Ya es injusta tu afición;
si Carlos me quiere bien
y tú me quieres también,
¿no es especie de traición?

Conde   ¿Luego tú das a entender,
que Carlos te galantea,
ama, festeja y desea,
y que mi reina has de ser?

Isabela   Si ama el Rey, y soy quien soy
no entiendo mal si lo entiendo.

Conde   Isabela, yo pretendo
darte desengaños hoy;
el Rey no te tiene amor,
y pienso que finge amar
por dar celos o pesar
a la hermosa Blancaflor.

Isabela   Conde, tente, no prosigas,
que si me intentas vencer,
menos tanto he de creer
cuanto más de Carlos digas;
que aunque me estés obligado,
como de tu amor me ofendo,
más quiero a Carlos fingiendo
que a ti, aunque estés adorando;
o él me tiene amor o no;
si él me quiere, le he de pagar,
si no, me he de contentar
con quererle sola yo:

| | luego si no puedo así
adorarle, Conde, infiere,
que si él por sí no me quiere,
le quiero querer por mí. |
|---|---|
| Conde | ¿Hay fuego que al mío iguale?
Él no te quiere. |
| Isabela | Es error. |
| Conde | Él finge. |
| Isabela | Yo tengo amor. |
| Conde | Pues advierte... Mas él sale. |

(Salen el Rey y el Duque.)

| Rey (Aparte.) | (Porque entienda Blancaflor
que olvidé su amor injusto,
hablo a Isabela con gusto
y a ninguna tengo amor.)
Oh Isabela, ¿cómo estás?
¿Cómo vives retirada?
¿Cómo no me pides nada?
¿Cómo desdenes me das? |
|---|---|
| Conde (Aparte.) | (El desengaño ha llegado,
por mi mal oyendo estoy.) |
| Isabela | Cuando vuestra esclava soy,
presumo que es excusado
pediros nuevo favor,
pues al querer obligaros, |

	solamente el escucharos
	es en mí el mayor honor.
Rey	Sin vos no acierto a vivir.
Isabela	Yo sin vos no tengo vida.
Rey	El alma tengo perdida.
Isabela	¿Qué he de amar?

(Sale Blancaflor.)

Rey	¿Qué he de fingir?
(Aparte.)	(Blancaflor está en campaña,
	no la tengo de mirar,
	con Isabela he de hablar,
	esta es mi mayor hazaña;
	pero siguiéndome vino,
	con ansias estoy de verla,
	o es fuerza de alguna estrella
	o violencia del destino;
	venzamos, ojos, venzamos;
	mas ¿por qué tales extremos?
	Miremos, ojos, miremos,
(Mírala.)	aunque vencidos seamos.
	¡Oh poderosa deidad!
	Amor, detente, detente;
	un ciego vio de repente
	en medio la oscuridad;
	vio una estrella, y alegrose,
	diciendo entre sí, el Sol es;
	salió la Luna después,
	adorola y admirose;

pero cuando el Sol salió,
quedó viéndole pasmado,
y tanto le ha contemplado
que segunda vez cegó.
Esto soy, sin duda alguna
cegué amando; sano fui;
estrellas y damas vi,
Isabela fue la Luna;
el Sol salió y me pasme,
y mirando a Blancaflor
fue tanto su resplandor
que segunda vez cegué;
paró en tormenta mi calma;
¿qué has hecho, mujer, qué has hecho?
¿Sácasme el alma del pecho,
y entras tú en lugar del alma?)
Rendido viene a tus pies
un amor disimulado
por su mal, pues ha callado
para dar voces después;
no reconozca segundo
este amor que te he propuesto,
que en lo grande y en lo honesto
es mayor que todo el mundo;
solo en grandeza le igualas;
si Dios de amor mi amor fuera
y volara, bien pudiera
cubrir al Sol con sus alas.

Blancaflor (Aparte.)   («Bien está», podré decir;
venganza, Blanca, venganza,
amaré con esperanza,
si eso también es fingir.)

Rey	¿No me hablas? Si has inferido
	que no es segura mi fe
	porque aquí a Isabela hablé,
	sabe que todo es fingido,
	todo, señora, es molesto.
Blancaflor (Aparte.)	(¡Carlos tan presto trocado!)
Conde (Aparte.)	(El cielo ya me ha vengado.)
Isabela (Aparte.)	(¡Mudado Carlos tan presto!)
Rey	Vasallos, obedeced
	esa flor de aquí adelante,
	éste es el medio importante
	para que os haga merced;
	amor honesto es el mío,
	pero es amor tan violento
	que la libertad no siento
	ni el uso de mi albedrío;
	mi reino sujeto queda
	a tu arbitrio soberano,
	cuanto conquista mi mano,
	y cuanto mi sangre hereda;
	el que de negocios trata
	acuda a Flor, que es luz mía,
	es la estrella que me guía,
	la deidad que me arrebata.

(Vase.)

Blancaflor	Yo con tan altos favores
	he de vivir temerosa.

(Vase.)

Isabela
Y yo sentiré envidiosa
desengaños y rigores.

(Vase.)

Conde
Yo esperanzas voy sintiendo.

Duque
Yo, pues vivo oyendo tal
debo de ser inmortal.

Conde
Voy alegre.

Duque
Voy muriendo.

(Vanse.)

(Salen la Infanta y el Marqués.)

Infanta
Sed bien venido, Marqués,
gobernador de París,
a ver sin duda venís
vuestra hija Flor.

Marqués
Después
que a vos os sirve, señora,
cuidado de ella no tengo;
con una consulta vengo
a su majestad ahora,
que están todos los lombardos
con aparatos de guerra,
y pues hay en esta tierra
dos ejércitos gallardos,

importa no deshacerlos,
y el conservarlos importa.

Infanta   Si ve esa nación que corta
la espada del Rey sus cuellos,
¿cómo intenta novedades?

Marqués   Dice que las armas toma
para acometer a Roma,
corona de otras ciudades.

Infanta   Vanas máquinas intenta.
¿Pues no teme la grandeza
del Rey?

(Sale el Conde.)

Conde   Escuche tu alteza
un exquisito accidente:
divertido y olvidado
está el Rey, nuestro señor,
remitiendo a Blancaflor
como si fuera privado;
los negocios a ella envía
que mercedes haga.

Infanta   Error
puede ser de algún amor
que turba su fantasía;
remediad esto, Marqués,
sirvan a Carlos de espejo
vuestra prudencia y consejo.

Marqués   Cuando postrado a sus pies

no le reporte mi ruego,
fuerza es que a Blanca pida
aun que la quite la vida,
si conviniere al sosiego
de mi Rey.

(Salen el Rey, Pierres y dos hombres con memoriales.)

Hombre I   Gran señor,
hacedme, corno piadoso,
justicia de un poderoso.

Rey   Hablad al Gobernador.

Hombre II   Señor, remediar intento
con un arbitrio que doy
mil daños que pasan hoy.

Rey   Acudid al Parlamento.

(Vanse los hombres.)

Pierres (Aparte.)   (El que no es entremetido
con despejo y osadía,
que llaman bufonería,
nunca medrar ha sabido.)
Señor, yo soy un soldado,
del Duque grande enemigo.

Rey   Del Duque, ¿por qué?

Pierres   Lo digo,
porque yo soy su criado;
soldado he sido, señor,

	soldado de pelo en pecho,
	y merced no me habéis hecho.
Rey	Eso toca a Blancaflor.
Pierres	¿Blanca qué? Eso fue querer
	que todo el mundo se asombre;
	si yo le serví muy hombre,
	¿me remite a una mujer?
Rey	Sí, que no hay otro camino.
Pierres	No harás cosa que me cuadre.
	¿Qué ha de hacer quien tuvo un padre
	que se llamaba Pipino?
Rey	Eres hombre de placer,
	no me desagrada el chiste.
Pierres	¿Hijo de Pipino fuiste?
	Cohombro debes de ser.
Rey	Cúbrete.
Pierres	No haré por cierto.
Rey	¿Por qué?
Pierres	Porque ya lo estoy.
(Cúbrese.) (Aparte.)	(Con la del martes le doy,
	ya que le hablo cubierto.)
	A Blancaflor acudí,
	y esta sortija me dio
	mala y de vidrio.

(Dásela)

Rey   Pues yo
                              doy por ella este rubí.

(Dale otra.)

Pierres   Cuanto quisiere me dé,
                              todo Pierres lo merece.
(Aparte.)   (Indio bárbaro parece,
                              con un vidrio le engañé.)

(Vase.)

Infanta   Si para darte consejo
                              quieren que licencia tome,
                              el ser tan niña tu hermana
                              vuestra majestad perdone.
                              ¿Cómo un rey tan poderoso,
                              y tan prudente, aunque joven,
                              incurre en tales descuidos,
                              comete tales errores?
                              Rey de quien dicen las plumas
                              de astrólogos escritores
                              que ha de ser por sus hazañas
                              Carlo Magno su renombre;
                              ¿en la griega monarquía
                              quién ha visto emperadores,
                              ni en la romana, de aquellos
                              que confundieron la noche
                              con los negocios del día,
                              que inventasen tal desorden,
                              como es remitir negocios

a mujer? Que aunque corona
diadema su frente, siendo
su dulcísima consorte,
fuera notable defecto;
los reyes cuerdos escogen
entre sus nobles vasallos,
para sus validos, hombres
de experiencia, y que estos sean
infatigables, de bronce,
porque puedan aliviarles
el mayor peso del orbe;
pero mujer por valida,
¿en qué historia se conoce?

Marqués   Y más, señor, que ese amor
honesto, bueno y conforme
a la política antigua
de los palacios mayores,
parecerá al vulgo necio
o que es locura o que es torpe,
porque es un monstruo que consta
de diversas opiniones.

Rey   Marco Antonio con Cleopatra
partió el imperio, ¿qué os pone
en cuidado la acción mía?

Marqués   Militaban más razones
que era de Cleopatra el reino,
y fueron locos amores.

(Sale Blancaflor.)

Rey   ¿Y Aurelio con su Faustina?

Marqués	No citéis imperfecciones.
	Hija, a buen tiempo veniste,
(Al oído.)	pide al Rey que se reporte
	de su amor, y no te estime
	con vivas demostraciones;
	porque esto es el bien del reino
	y es a tu sangre conforme.
Blancaflor	Aunque son vuestras mercedes
	honras y heroicos blasones,
	la razón de Estado pide
	que moderéis los favores.
	Todo no ha de ser amor;
	buen ejemplo nos propone
	la historia de Midas: era
	amigo de oro, y los dioses
	quisieron que en oro vuelva
	cuanto con sus manos toque;
	quiere comer, y le aflige
	que los manjares se tornen
	oro purísimo; y cuando
	al cristal los labios pone,
	el agua es oro, y la sed
	con hidrópicas pasiones
	se multiplica; si viste
	de las telas que se escogen
	de los tesoros de Oriente,
	los vellones del Norte,
	o la púrpura del Austro,
	todo es oro, que rigores
	fueron en él las riquezas,
	por ser sin número y orden.
	Así, señor, el amor

es efecto ilustre y noble
que a los magnánimos pechos
suele apuntar sus arpones.
Mas sin la virtud del medio,
si todas nuestras acciones
son amor, si amor han sido
los pensamientos veloces,
si son amor las palabras,
si amor las orejas oyen,
si amor cuanto ven los ojos,
si son continuos amores
las tres potencias del alma,
fuerza es que no quede el hombre
con uso de la razón,
y que en otro se trasforme,
que esté con hambre la fama,
que estén con sed los honores,
y que nuestras esperanzas
estén desnudas y pobres.

Rey   Discreta está la duquesa
de Orliens, condesa de Almonte.

Marqués   Beso por los dos Estados
tu invencible mano, estoque
de la fama y de la muerte.

Infanta   Y los dos títulos logre
con dicha; eso sí, señor,
vuestra majestad la honre
con mercedes, porque case
como hicieron sus mayores;
pero lo demás excuse.

Rey	¿Cómo callas? ¿No respondes a mis heroicos deseos? ¿Qué te entristece y encoge?
Blancaflor	Señor, grandes honras son; pero ninguna es conforme a mi voluntad; y así este memorial os pone
(Dale un papel.)	en vuestra mano la mía, el cual en breves renglones os dirá mi pretensión; y si la lengua no rompe el silencio, la modestia tiene la culpa, perdone.
(Vase.)	
Rey (Lee.)	«Rey, nadie me está queriendo como vos, que es infi- nito; advertid, que ya va escrito el título que pretendo.» Aún bien no me satisface: otra vez iré leyendo. Rey, nadie me está queriendo; (Lee.) «Rey, nadie, sí, Reina dice.» Ingenio y gracia ha tenido; aún por escrito no osó declararse en lo que yo casi estaba prevenido. Marqués, amigo, mañana me he de desposar; prevén lo necesario.
Marqués	¿Con quién?

Rey	Con Flor.
Marqués	Vuestra soberana voluntad, señor, es ley; mas mirad, que no es razón que a tan liviana pasión, Carlos, se sujete un rey.
Infanta	Gran señor, la Ingalaterra con una Infanta os convida.
Rey	¿Por qué he de buscar la vida teniéndola yo en mi tierra? Vivo de amor, y así muero dejando de amar, de suerte, que si olvidar fuera muerte, a mí me quiero, si quiero. Propio amor se ha de decir y casi eterno seré, pues al morir amaré y amando es fuerza vivir. Si con amor vivo y paso y este amor es inmortal, amando, no dije mal, que con la vida me caso. Nadie me replique.
Infanta	Amor es afecto poderoso.
(Vase.)	
Marqués	Voy confuso, aunque dichoso.

(Vase.)

Rey   Venció, venció Blancaflor.

(Salen el Duque por un lado, y Blancaflor se queda al paño al otro.)

Duque   Gracias a Dios que le he hallado
               solo una vez; yo lo intento:
               amor es atrevimiento.

Blancaflor (Al paño.)   Quiero ver que ha resultado.

Duque   Señor, el reino mormura
               vuestro amor, y culpa el modo;
               no ha de rendirse un rey todo
               a una fácil hermosura.
               Quien de Polonia y Hungría
               los reyes supo vencer,
               no ha de amar para perder
               toda la gloria en un día.
               Cualquier grande estará honrado
               con sujetos semejantes,
               y no vos; yo sí, que antes
               a Flor he galanteado.

Rey   ¿Y recibisteis favores?

Duque   No, señor, sino...

(Sale Blancaflor.)

Blancaflor   Mentís,
               Si al no, otra cosa añadís.

Duque	Sino desdén y rigores.
Blancaflor	Ahora decís verdad.
Duque	La púrpura de esos labios no pudo haceros agravios.
Blancaflor	Sí puede; mas perdonad: en Palacio no entre quien tuvo, despecho tan grande.
Duque	Rey tengo que me lo mande.
Rey	Y vuestra Reina también. No entréis en Palacio en tanto que yo no ordeno otra cosa.
Duque (Aparte.)	(Reina dijo. ¡Ah Flor dichosa! Tiénele amor, no me espanto. A ese nombre no hay agravios, esas cinco letras fueron cinco sellos, que pusieron a mis ojos y a mis labios reina dijo; inclinación, volved, volved hacia dentro, no salgáis de vuestro centro, morid en el corazón.)

(Vase.)

Blancaflor (Aparte.)	Yo soy vuestra; el temor pierdo. (Ya el Rey de mí se acordó.)
Rey	Todo es falso, porque yo,

Flor, ni os amo ni me acuerdo;
amor es afecto cuerdo,
mi amor de afecto ha pasado,
y así de esencia ha mudado,
ni me acuerdo yo de amar;
porque quien dice acordar
supone haber olvidado.
Reina sois: dar no podía
corona más soberana,
mía habéis de ser mañana;
mirad cual es mi alegría,
pues que puedo llamar mía
a la misma de quien soy;
un alma somos desde hoy,
unión las dos han de hacer,
pues si vos me dais el ser
ese mismo ser os doy.

Blancaflor   Señor, para agradecerte
favores tan opulentos,
quisiera agradecimientos
que no acabase la muerte;
para adorarte y quererte
ser quisiera el mismo Amor
por merecer tu favor;
quisiera que mi hermosura
fuera como mi ventura,
que no puede ser mayor.
En competencia importuna,
Fortuna y Naturaleza,
ésta no me dio belleza
ni me dio gracia ninguna;
viendo aquesto la Fortuna,
por tema me dio favor

con tan pródigo valor
que a los mortales espanta,
y con ser mi dicha tanta
es mi amor mucho mayor.

Fin de la primera jornada

Jornada segunda

(Sale Blancaflor.)

Blancaflor

Este es el hermoso día
que en mi vida he señalado
por más feliz y sagrado
hoy es la fortuna mía
corona de mi alegría;
hoy sin temor de vaivén
en su rueda fija, ven
que Reina de Francia soy,
si han de ser las bodas hoy,
cielos, dadme el parabién.
Carlos ama, aunque ha tenido
el amor disimulado,
no hay volcán que esté nevado,
ni hay amor que finja olvido;
Amor revienta oprimido,
es Etna que al Sol se atreve
como en humo acerbo, y leve
exhala abismo de lumbre,
ni a la falda ni en su cumbre
da permisión a la nieve.
Solo trata de adorarme
Carlos; si reina he de ser
esta silla he de volver,
bien puedo en ella sentarme...

(Sientase.)

¿Qué causa puede quitarme
esta majestad? Ninguna;
al rosicler de la Luna
mi dicha ha excedido ya,
la esfera del mundo está
a los pies de mi fortuna.

Isabela (Al paño.) Hoy a Blancaflor ha hecho
amor reina soberana;
afuera, envidia villana,
salid, salid de mi pecho.
en la silla del dosel
se sentó, como es el día
de sus bodas y alegría.
¡Cuántas veces el clavel
amaneciendo de grana
de nieve se ve a la tarde!
¡Cuántas veces el Sol arde
abrasando la mañana
y el tiempo a la noche llueve!
Entre la copa y el labio
suele caber un agravio;
clavel, grana, Sol y nieve,
agua, copa y labio, dice,
que es imprudente quien fía
de la distancia de un día
que ha de anochecer felice.
Mas esta es quimera vana,
reina será, yo fiel;
llego, pues, que este clavel
siempre conserva su grana.

(Sale Isabela.) Cocéis, señora, el estado
que esperando estáis, de suerte,
que ni el tiempo, ni la muerte
ni la fortuna, ni el hado
os le puedan contrastar;
y jamás lleguéis a ver
ni la espalda del placer
ni la cara del pesar.

Blancaflor	¡Oh, Isabela! Si a mi amor agradecimiento das, bien claro está que serás mi camarera mayor. Esa memoria traslada
(Dale un papel.)	de mercedes que he de hacer luego que merezca ver esta frente coronada; y prevén lo que conviene para mis bodas forzoso.
Isabela	Yo beso el cristal hermoso de tu mano.
(Vase.)	
Blancaflor	A espacio viene la noche; pasad volando, horas, esa media esfera, prolijas a quien espera, breves al que está gozando: de plumas para el placer; de plomo para el pesar; ya que no queréis volar, horas, bien podéis correr. Los desvelos que han tenido mi deseo y mi cuidado, en grave sueño han parado; dicen bien, ladrón ha sido de la mitad de la vida el sueño; durmamos, ojos, porque no recele enojos ni despierta ni dormida.

(Duérmese.)

(Sale el Duque.)

Duque   De Palacio desterrado,
tal desasosiego tengo
que despeñándome vengo
a morir de enamorado.
Blancaflor se casa, y quiero
que reciba su desdén
de mi mano el parabién
de que vivo y de que muero.
¡Oh beldad rara y extraña!
Quien del sueño grave advierte
que es imagen de la muerte,
mire aquí cómo se engaña.
Que imagen es de la vida
algunas veces advierta,
pues no puede estar dispierta
mas hermosa que dormida.
No permitió ser copiada,
y quiso naturaleza
dar sueño a tanta belleza
porque parezca pintada.
Dar treguas quiso al amor,
y engañose a lo que entiendo,
que también mata durmiendo,
dispierto está su rigor.
A la muerte honra dormida,
pues nos dice de esta suerte:
¿veis aquí cómo es la muerte
más hermosa que la vida?
Algo le quiero quitar,
un lienzo tiene en la falda;

	pero una hermosa esmeralda
	da resplandor singular
	en su cabeza; yo intento
	darme a entender que es favor
	dado de su mismo amor
	y no de mi atrevimiento.
(Quítale la sortija.)	Confieso que los favores
	más asisten, más están
	en las manos que los dan
	que en ellos mismos, que en flores
	no hay calidad que concluya;
	pero al fin me dará gloria
	las veces que la memoria
	me esté diciendo que es suya.
(Pónesela.)	En la rosa del sombrero
	la traeré perpetuamente;
	voime, pues que no me siente;
	mas ya la desgracia espero
	del Rey; viome y me perdí,
	que no hay dicha sin azar,
	que no hay gusto sin pesar.
Rey (Al paño.)	¿Cómo el Duque ha entrado aquí?
	Por no dispertar los ojos
	de mi dueño y vuestro dueño,
	a quien es traidor al sueño
	no dan voces mis enojos.
(Sale el Rey.)	¿Duque?
Duque	Señor.
Rey	¿No he mandado...
Duque (Aparte.)	(No ha de haber quien le reporte.)

Rey	¿Que de mi Palacio y corte luego salgáis desterrado?
Duque	Sí, señor; mas yo...
Rey	¿Qué error os conduce?
Duque (Aparte.)	(Estoy perdido.) Que me escuchéis solo os pido.
Rey	Porque pueda mi rigor con más causa castigaros, y viendo que os convencéis, vos mismo a vos os culpéis, decid, que quiero escucharos; y hablad quedo, no despierte una Flor que está dormida.
Duque (Aparte.)	(Poco le debe a la vida quien no aventura la muerte.) Señor, yo fui desterrado por Blancaflor.
Rey	Es verdad.
Duque	También vuestra majestad sabe soy el injuriado, puesto que vio y escuchó entre el dudar y el temer que por dar mi parecer Blancaflor me desmintió.

Rey	Todo, Duque, pasó así.
Duque	El Marqués, padre de Flor con ser parte a vuestro amor, ¿No culpó el casaros?
Rey	Sí.
Duque	¿Y yo, conforme a la ley de mi sangre, no he sabido decir cuanto haya sentido a mi dueño y a mi Rey?
Rey	Y aún todos era razón.
Duque	¿Pues cómo yo os desobligo, que, me dais a mí el castigo y a los demás el perdón?
Rey	Decís bien.
Duque	Y si os incita mi intento, señor, ya cesa, que el que ser noble profesa, amonesta, mas no evita. Y así yo, ejemplo de amor, por tan vuestro me confieso, que cuando os digo el exceso sabré serviros mejor.
Rey	Duque, aquí solo he sentido...
Duque (Aparte.)	(En vano el temor aliento.) ¿Qué sentís?

Rey	Digo que siento
	que vos me hayáis concluido;
	pues tanto llego a estimaros,
	que viendo en vos la disculpa,
	quisiera hallaros la culpa
	por tener que perdonaros;
	pues que mirando mi error,
	que vengo a ser he pensado
	en esta causa el culpado,
	pero vos, Duque, el actor.
	Hoy a mis brazos llegad,
	que no es premio a tal valor
	si aquí precediera error,
	esa sí que era piedad.
	Mas sin él no es galardón;
	ved, pues, lo que me debéis,
	que estoy deseando que erréis
	para daros el perdón.
Duque	Vuestras plantas permitid
	a quien por vos cobra el ser.
Rey	Más alto me habéis de ver:
	Duque a mis brazos subid.
(Abrázale.)	
Duque (Aparte.)	(Trocose la suerte mía.)
Blancaflor (Despierta.)	Mucho he dormido, que así
	pretendo engañar el día.
	¿El duque de Normandía
	está con Carlos aquí?

	¿Qué es esto? Pero testigo
	de mi ventura será,
	y de celos morirá
(Llega.)	que será el mayor castigo.
	Rey y señor, los instantes
	son siglos a quien espera;
	el Sol en su misma esfera
	es inmoble a los amantes
	que las tinieblas desean:
	dadme el favor soberano
	de vuestra invencible mano,
	y los rayos del Sol vean,
	ya que se ponen y ya
	que la noche va llegando
	que soy quien está adorando
	a vuestra real majestad.
Rey	Duque, mirad: gobernemos
	el reino a medias, si han hecho
	unión y vínculo estrecho
	las dos almas que tenemos;
	ni aún imperio habrá partido;
	no han visto en acción ninguna
	la amistad de la fortuna
	tan poderoso valido.
Blancaflor (Aparte.)	(¡Trocado otra vez! ¿Qué es esto?
	¿Mas qué dudo, si está aquí
	un traidor que aborrecí
	y mis dichas descompuesto?
	Quiero, quiero replicar:)
	Dad, mi Rey, ejecución
	a mi justa pretensión.

Rey	Por ahora no ha lugar;
	Duque, yo quiero que mandes
	mis ejércitos por mí.
Duque	Solo a Alejandro y a ti
	os den renombre de Grandes.
Blancaflor	Vuestra majestad atienda,
	vuestra majestad escuche,
	porque es digna Blancaflor
	de más favores que el Duque.
	Vuestra majestad bien sabe
	que tengo padres ilustres
	y que abuelos generosos
	de su misma sangre tuve.
	Mi padre ha sido su ayo,
	en su presencia se cubre;
	pues como Par, en su corte
	honras no goza comunes.
	De méritos personales
	no blasono, si bien suplen
	la hermosura que me falta
	el amor y las virtudes.
	¿Amor dije? Amor ha sido,
	pero honesto, bueno y útil
(Aparte.)	(Ambición fue más que amor,
	y esto no habrá quien lo dude);
	no hay rayos del Sol hermoso
	que a la mañana dibujen
	con líneas de oro y de nácar
	los extremos de las nubes
	más puros; ni habrá diamantes,
	a quien labran, a quien pulen
	buril y sangre, que limpios

con velos de estrellas lucen
más cándidos: ni la nieve
que en guirnaldas de las cumbres,
cuyos ampos, cuyos rizos
la humana vista confunden,
es más intacta; de modo,
que aunque la razón estudie
amor perfecto, bien puede
aprender de mis costumbres.
Siendo así, ¿quién ocasiona
que tan grande Rey se mude,
que tan grande Rey me engañe,
que tan grande Rey me burle?
Viven los cielos divinos,
que son campañas azules
por cuyos trópicos bellos
el Sol hermoso discurre,
que este magnánimo pecho
que ahora este agravio sufre,
ha de reventar en quejas
mientras el alma le dure.
No dije venganzas, no,
que mi pecho no produce
sino lágrimas y penas,
de soberbio no presume.
Quejas daré al cielo, al mundo,
o para que más me injurie
vuestro rigor, o conozca
mi amorosa mansedumbre.
Mire vuestra majestad,
que (y en esto no me culpe)
de tan súbita mudanza
facilidades se inducen.
Aún la flor que nace hermosa,

porque el alba la salude
vive con su pompa un día,
a ceniza se reduce
con la noche; pero vos
solo en un hora (¡que pude
pronunciarlo!), en solo un hora
amáis y olvidáis (¡ah luces
del firmamento, piedad!)
Mirad, señor, que se arguye
que fue nuestro amor de niño,
o que olvidar es vislumbre
de algún letargo o locura
que la juventud caduque.
¡Que el Abril de vuestra edad
asomos tenga de Octubre!
No es razón, Carlos famoso,
que un rey es monte que sube
a ser columna del cielo,
no flor que pierde su lastre
en el espacio de un día;
firmeza, firmeza use
de su valor inmudable,
no le inquieten ni perturben
envidias del Duque ingrato
ni excusas fáciles busque.
¿Qué tirano, qué cruel
pagó amor con pesadumbres?
Si piensa que una victoria
le basta, no se descuide
hasta que con gloria y fama
de sus acciones triunfe;
si imagina que servicios
faltan a mi casa, escuche:
cuando el reino penetraron

los jinetes andaluces,
cuando pechos africanos
en quien los pechos influyen
barbaridad y osadía
para que imperios usurpen,
pasaron los Pirineos
en inmensa muchedumbre
como escuadrón de langostas
que las campañas destruyen;
vuestro padre se empeñó,
y tantos moros acuden,
que su celada parece
aquella bárbara yunque
de las fraguas de Vulcano;
centellas vivas escupe,
relámpagos son del viento
si rayos no son de lumbre.
No hay lealtad que esté dormida,
no hay buen vasallo que cuide
mas de sí que de su Rey
no hay amor que disimule.
Viole mi padre, y se arroja,
porque espíritu le infunde
vuestra sangre, y de los dos
aquellos bárbaros huyen.
Muerto su caballo, el Rey
en el de mi padre sube,
que en lo veloz y manchado
de tigre y onza presume
más que de caballo; al fin,
de esto hay escrito un volumen;
paso adelante, y refiero
acción que más os concluye.
Mayo a los rayos del Sol

daba olores y perfumes
de claveles y azucenas,
de acantos y almoradujes;
cuando vos de tierna edad
ir quisisteis a la cumbre
del Pirene a montería
(reyes en esto se ocupen
que es imagen de la guerra,
bien hacen); pero descubren
un jabalí los monteros,
y debajo un acebuche
os dejaron, cuando un bruto
robador del néctar dulce
que han hilado las abejas,
con quien no hay brazos que luchen
vencedores, vino a vos,
y mi padre os restituye
del sobresalto al placer,
pues tantas veces sacude
en el oso el fino acero,
que mueve, gime, y aún cruje
los enebros que muriendo
despedaza; yo lo supe
de vos mismo el primer día
que a adoraros me dispuse.
Ea, señor, no creáis
las mentiras, los embustes
de ese cristal fementido;
no permitas que os acusen
las naciones de inconstante,
cuando en todas se divulguen
estas fáciles mudanzas.
¿Hay ave que el viento cruce,
hay caña que al aire tiemble,

hay arroyo que al mar busque,
hay flor que al céfiro mueva,
hay bajel que al agua surque,
que en inconstancia os imite?
¿Quién su palabra no cumple
si es de sangre generosa?
Haced, haced que se enjuguen
estas lágrimas, que sacan
desdenes e ingratitudes
tan destiladas del pecho,
que por vos llamarlas pude
esencia quinta de un alma
que el fuego de amor consume.
No seáis en la mudanza
bajel, ave, caña y nube;
pues que yo siendo mujer,
tanta firmeza propuse,
que si los riscos se mueven,
si las montañas se hunden,
si vuelven atrás los ríos,
aunque los cielos se oculten,
aunque las estrellas caigan,
aunque al Sol los rayos hurten,
no hayáis recelo, señor,
que mi inmenso amor se mude.

Rey   En vano me persuades.
¿Qué te causa admiración,
si campos desiertos son
muchos que fueron ciudades?
El Sol tal vez se ha parado,
declinaron señoríos,
atrás volvieron los ríos
y los montes se han mudado.

Si todo mudanza alcanza,
no te admire, no te asombre,
si la voluntad del hombre
padece también mudanza;
y más, que prudentes son
los que mudan parecer:
la constancia suele ser
una necia obstinación.
Confieso que te adoré;
pero ya en mi voluntad
solo cabe la amistad
que con el Duque tendré.
Solo tratamos de guerras
yo y el Duque, a quien estimo
como mi amigo y mi primo;
dilatar quiero mis tierras:
entonces me casaré,
cuando no tenga enemigos.

Blancaflor   Carlos, ¿y será conmigo?

Rey   Eso, Blancaflor, no sé.

(Vanse.)

Blancaflor   ¡Cielos, de tanta mudanza
es causa el Duque traidor,
él me ofendió en el honor
venganza, cielos, venganza!
Mas si Carlos con decoro
aún no se atrevió a mi mano
siendo amante soberano
a quien estimo y adoro,
¿cómo ha podido dudar

de mi virtud generosa?
No hay que hacer aquí otra cosa
sino morir y callar.

(Sale Isabela.)

Isabela

Todo está ya prevenido
como tu alteza ha ordenado.

Blancaflor (Aparte.)

(Este dolor me ha faltado;
¿si Isabela lo ha sabido
y burla de mí? Sí sabe,
(bien lo dice mi tristeza)
que la desdicha no empieza
por poco mal.)

Isabela (Aparte.)

(Triste o grave
aún no ha vuelto a mí los ojos.
¿Si hay alguna novedad?
Suspensión y gravedad,
más me parecen enojos.)
¿Has escuchado, señora?

Blancaflor

¡Cielos, piedad! Sí, Isabel.

Isabela

Marchitose ya el clavel,
¿no llegó a segunda Aurora?

Blancaflor

Isabela, si tú fueres
la dichosa, por quien hoy
risa de los hombres soy,
considera en mí quien eres,
quien serás, quien soy, quien fui,
que las suertes se trocaron,

que si por mí te olvidaron
también me olvidan por ti.
No vivas desconfiada
pues muero de presumida:
quien presto amó, presto olvida;
no hay ambición bien lograda.
No hay bien que hasta el fin espere,
el mal, tarde se concluye,
el bien que tenemos, huye,
el bien que esperamos, muere.
Toma en mi mal escarmiento:
¿no viste alguno, que en vano
quiere coger con su mano
la luz, la sombra o el viento?
Así tú, no escarmentada,
si crédito al Rey le das,
en su palabra hallarás
rayos, sombras, viento y nada.

(Vase.)

Isabela ¿Sutilezas? ¿Quién alcanza
los altos discursos que hace?
Voy a informarme; hoy renace
como Fénix mi esperanza.
Dos balanzas nos hacía
la competencia, y cuidado,
si es que la suya ha bajado,
Fortuna, suba la mía.

(Vase.)

(Salen el Rey, el Duque, el Marqués y Pierres.)

Pierres	Ánimo, señor invicto (no sé qué epíteto darle); Ilustrísimo Señor (eso es muy de cardenales: sin mirarle estoy turbado); Reverendísimo Padre (mas no sé lo que me digo que el rey de Francia no es fraile); Serenísimo (mas esto toca solo a los infantes); Gran Señor (esto es el Turco).
Rey	¿Qué es lo que quieres?
Pierres	Que basten los enojos con el Duque; vuestra majestad le ampare; el Duque es un buen pobrete, no hayan miedo que él errase de malicia; yo confieso que es un poco miserable, pero leal como un can; él no me mandó que os hable; pero yo me meto en esto viendo lo poco que él sabe.
Duque (Pégale.)	Calla, loco, que pretendes con aquestos disparates introducirte en palacio por ministro del donaire.
Pierres	¡Ay de mí!
Rey	Dejadle, Duque,

que me da gusto; dejadle,
ya le conozco muy bien;
a los criados leales
es bien dar mercedes y honras.
Alguna cosa he de darte.

Duque   Este es un loco.

Pierres   ¡Que tengan
los avarientos pesares
en dar y en que den los otros!
Déjale ser Alejandre,
pues eres rico avariento
con su mesa y con sus canes,
y yo un Lázaro.

Rey   Recibe
este anillo, que un diamante
no vale más, pues me cuesta
un rubí teñido en sangre;
y a poder hallar a quien
me le dio, que le ahorcasen
mandaría por su engaño.

Pierres (Aparte.)   (¡Ay infelice gaznate
si me conoce! Por esto
se dijo hacer rifirrafe;
mi sortijilla es, de vidrio;
por Dios, que he echado buen lance,
pero yo le quitaré
una que trae de diamantes,
aunque aventure por ella
dar cabriolas en el aire.)

(Vase.)

Marqués (Aparte.) (Puesto que he sabido ya
que es la fortuna mudable
en mí más que en ella misma,
es fuerza que sufra y calle
esta ofensa de mi hija,
este agravio de mi sangre;
pues quizá dará la vuelta
su rueda siempre inconstante.)

(Vase.)

Rey Ya, Duque, solos estamos.

Duque Sí, señor.

Rey   Y ya el silencio
de la noche me convida
(Siéntanse.) a saber vuestros intentos.
Hablad y no guardéis nada
de temor en vuestro pecho,
que hay miedo de tal linaje,
que por recatado o necio
hace perder él por sí
lo que ha granjeado su dueño.
No sé qué tenéis conmigo,
ni sé qué impulso del cielo
o qué astro luminoso
me está obligando a quereros.
Antes de ahora os quería
como a vasallo y a deudo;
pero ahora es tal la fuerza
con que os estimo y os quiero,

que a veces volviendo en mí
a olvidaros me resuelvo,
a dejaros me apercibo,
a ofenderos me aconsejo.
Y con llevar por delante
mi enojo por instrumento,
mis crueldades por razones,
por impulsos mis deseos,
llegando a arrojarme ya
y llegando ya resuelto
a castigaros mi ira,
mi enojo y mi sentimiento,
en mirandoos se reduce,
se reprime cuando os veo,
se declina cuando os hablo,
se templa cuando os advierto.
Y así, amigo, y así, Duque,
supuesto que yo os confieso
que he de hacer lo que pidáis,
fuerais cobarde o muy necio
si cuando están advertidas
las causas de mis afectos
os suspendéis tan remiso
y os refrenáis tan suspenso.
Pues para mayor constancia
desta fuerza, este deseo,
este hechizo, aqueste encanto,
esta llama, aqueste incendio
con que arrojado os estimo
y con que advertido os quiero,
antes de saberlo, Duque,
sin pedirlo os lo prometo.

Duque   Pues, señor, es tal la causa

de este volcán en que peno,
de este fuego en que reprimo,
que cuando con vos merezco
honras, mercedes, favores,
en declarándoos mi pecho,
las convertiréis en iras,
en venganzas y desprecios.
Pero pues no cumpliré
con la ley de amor que os debo
si no os digo mi cuidado,
hoy de tan noble me precio
que me adelanto al castigo
cuando llego a obedeceros.
Y así, pues que me mandáis
que os allane mis tormentos,
y fuera traición guardarlos,
deciros mi pena quiero
aunque castiguéis la ofensa,
teniendo así tres contentos;
obedeceros el uno,
otro decir mis incendios,
siendo leal, que es lo más,
y vasallo verdadero;
pues fuera traidor callando
y leal obedeciendo.

Rey   Pues proseguid.

(Sale Blancaflor.)

Blancaflor   Por la margen
de este músico arroyuelo,
que con solfas de cristal
tornaba acordes acentos,

bien guiada de las voces
del Rey y del Duque vengo;
entre estas ramas me encubro,
la noche ampare mis celos.

(Retírase.)

Duque   Tened; yo adoro...

Rey   ¿A la Infanta?

Duque   No es tan alto mi deseo;
pero el temor que he tenido
es, que iguala con el vuestro;
y así, yo...

Rey   Ya os he entendido,
Duque, perded los recelos;
ya sé que a Blanca queréis;
y si acaso de respeto
guardasteis aquesa llama,
no es traición, que amor perfecto
obliga a querer por fuerza;
y siendo así, no me ofendo
que queráis lo que yo quise;
y más, que si yo aborrezco
a Blanca, más de mi parte
se alienta vuestro deseo;
pues con ella he de casaros,
si su padre...

Blancaflor   ¡Esto consiento!

Rey   Lo permite; y por que ahora

conozcáis que ese respeto
ha sido lealtad en vos,
la causa deciros quiero.
Demos caso que tengáis
un amigo grande, y demos
que una dama os corresponda,
y que vos seáis el dueño
de su hermosura: pregunto,
¿si este amigo tan del pecho
adorara vuestra dama,
os ofendiérades de ello?

Duque   Sí, señor, que era traición.

Rey   No, Duque, no estáis en ello
amor siempre se origina
de una fuerza, es un veneno
que se toma por los ojos;
y como el entendimiento
no basta para templarle,
aunque vuestro amigo mesmo
quiera lo mismo que vos,
no será ofensa, supuesto
que él no pudo más consigo.
Si él ingrato, al mismo tiempo
que os corresponde la dama,
con ternezas, con requiebros
la obligara o persuadiera,
aquí sí con causa debo
condenar esa amistad;
pero si él remiso o cuerdo,
calla, sufre, pena y siente,
reprime los sentimientos
por no faltar a su amigo

éste sí que es verdadero
ejemplo de confianza;
pues por no faltar a serlo,
antes que vivir gozando
quiere más penar muriendo.
Acomodemos ahora
aqueste aparente ejemplo
a la amistad de los dos;
vos amáis, con el extremo
que me aseguráis, a Blanca;
y aunque yo la quise un tiempo,
reprimisteis el amor,
Ocultasteis el incendio.
Mirad Duque; mirad, pues,
si he debido agradeceros
que hayáis guardado esa llama,
siempre amigo, siempre cuerdo.
Pues siendo fuerza de amor
y que no pudisteis menos,
aún no intentasteis decirlo
hasta ver que la aborrezco.

Blancaflor

¡Esto mi enojo consiente!
Viven los hermosos cielos
que ha de ver...

Duque

Pues escuchadme.

(Sale Blancaflor.)

Blancaflor

¡Duque, Duque, deteneos,
que por vos y por mi honor,
responder a Carlos quiero!

Rey	¿Quién es?
Blancaflor	Blancaflor.
Rey	¿Pues cómo con la noche en este puesto?
Blancaflor	Eso, señor, no es el caso; vamos a nuestro argumento: yo he de probar que es el Duque un traidor, y también pienso decir que sois un ingrato; yo firme, y ha de ser esto sacado de las razones que vos mismo habéis propuesto. Decidme, ¿el Rey no es señor en quien sustituye el cielo o por mérito o por dicha la una parte de su imperio?
Rey	Es así.
Blancaflor	¿Mas hay alguno que haya sido tan soberbio que a la dama de su rey rayo a rayo se haya opuesto sin ser traidor?
Rey	Es verdad; pero eso se entiende siendo atrevido con la dama.
Blancaflor	Con eso me basta; luego si yo probase que el Duque,

atrevido, descompuesto,
me solicitó su dama
cuando os juzgaba mi dueño,
¿es culpado?

Rey   Claro está;
pero no es posible.

Blancaflor   Atento
me responded, acordándoos
de lo que vais concediendo,
porque después no volvamos
al argumento de nuevo.
Él, estando ausente vos,
con papeles, con extremos
que os enseñaré algún día
si queréis satisfaceros,
cercó en el sitio de honor
las murallas de mi pecho
pero no se dio a partido
mirando a vos Sol perfecto,
que el socorro de sus rayos
no estaba del sitio lejos.
Llegasteis y socorristeis,
y con ardientes extremos
me nombrasteis vuestra esposa.
¿Confesáislo?

Rey   Sí confieso.

Blancaflor   Pues también, osado el Duque,
culpando mi honor honesto,
culpó que hiciese con vos
tan debido casamiento,

y me persuadió vasallo
siendo Reina en vuestro pecho.

Duque (Túrbase.)   Señor... yo...

Blancaflor   Esto es verdad,
y para testigo de esto,
vuestra turbación os baste,
que yo para convenceros
voy alargándome a más,
que esto, Duque, es lo de menos.
Pierres, un vuestro criado,
y leal con serlo vuestro,
me ha contado aquesta noche
que escondéis en vuestro pecho
una esmeralda, y es mía;
pues sé, que estando durmiendo
de mi frente la quitasteis;
y quien tal atrevimiento
contra su Reina comete,
o a la que pensaba serlo,
al mismo Rey, si pudiera,
quitara corona y cetro.
Pienso que está bien probado
que sois traidor, y supuesto
que bastan los silogismos,
aqueste punto dejemos;
pues para tan fácil prueba
me hubiera sobrado menos.
En cuanto a ser vos ingrato,
es principio tan perfecto
que negarle en vos, sería
infalible desacierto.
Y, en fin, decidme, señor,

¿posible es, que un Rey tan cuerdo,
tan valiente, tan osado,
se niegue en tantos afectos,
y que intente (¡qué de injurias!
¡aún yo mismo me avergüenzo!)
dar la misma que eligió
por ídolo de su empleo
a un vasallo, a un traidor?
Vive el cielo, vive el cielo,
que sobre la inadvertencia
sube tan grande el desprecio,
que cuando por vos no fuera,
yo por mí tanto me temo,
que fuera poco castigo
la inútil vida que aliento
a la recompensa infame
de tan graves desaciertos.
Pues aunque no fuera ofensa
de mi honor, vos por vos mesmo
debíais mirar la fama
de tanto decoro vuestro.
¿Vos me ofrecéis por esposa...
no se extiende vuestro imperio,
a reinar sobre las almas,
que ellas reinan en los cuerpos.
Ea, señor, reducid
sabio vuestros pensamientos;
no la pasión os suspenda;
no pueda en vos un afecto
lo que una razón no basta;
si os concluyo, si os convenzo,
moderad esas pasiones,
que por los doce portentos
que de la primera causa

son celestiales espejos,
que ni mi padre ni vos,
ni el mundo, ni el Sol, ni el tiempo
me han de reducir su esposa;
pues firme mi pensamiento
se ha de introducir escollo
a los embates del Euro.
Y cuando vos intentéis
lo contrario, con su acero
yo misma al Duque traidor
de su venenoso pecho
he de traducir la sangre
intrépidamente al suelo.

(Vase)

Rey   Oye, Blancaflor, escucha.

Duque (Aparte.)   (Alguna desdicha temo.)

Rey   ¿Duque?

Duque   ¿Señor?

Rey   ¿Es verdad
que la amasteis?

Duque   No lo niego.

Rey   ¿La quitasteis la esmeralda?

Duque   No, señor.

Rey   ¿Es cierto?

Duque	Es cierto.
Rey	¿Luego Blanca me ha mentido?
Duque	Es pasión.
Rey	La ira...
Duque	Es celos.
Rey	¿Qué he podido hacer por vos?
Duque	Cuanto podéis habéis hecho.
Rey	Ella no os quiere.
Duque	Es verdad.
Rey	¿Pues qué remedio?
Duque	El remedio es no perder vuestra gracia.
Rey	Segura está.
Duque	Pues con esto viviré contento y firme.
Rey	Vuestro ha de ser este imperio.
Duque	Y yo vuestro esclavo siempre.
Rey	Y yo he de ser siempre vuestro

viviendo vos en mi amor,
y obre lo demás el cielo.

Fin de la segunda jornada

Jornada tercera

(Salen Isabela y el Duque.)

Isabela

Puesto que solos estamos,
y entre estos cuadros del Parque,
bello tálamo del Sol,
dulce lisonja del aire,
ninguno escucharnos puedo;
comunica tus pesares,
puesto que a contarme vienes.

Duque

Este mal que me combate,
aunque es mío, es mal tan tuvo
que en él tienes las más partes
y como eres dueño de él,
he venido a aconsejarme
contigo, y así te pido...

Isabela

Detente, Duque, no pases
adelante con discursos
tan prolijos y neutrales;
al caso podemos ir,
pues puede ser que te tardes
tanto en decirme las penas,
que yo sintiéndolas antes
como mayores las juzgue,
las acredite más grandes,
y sea más lo sentido
que el principal de los males.

Duque

Dices bien, óyeme atenta.

Isabela

Prosigue, Duque.

Duque	Ya sabes que a Blancaflor...
Isabela	Ya te entiendo: quieres decir que la amaste, que te ha aborrecido Blanca, que tú la adoras constante, que el rey de Francia la quiso, con ella quiso casarse, y que tú lo has impedido; prosigue, Duque, adelante, porque repetir lo visto es cansarme y es cansarte.
Duque	Digo, pues, que Blanca estaba durmiendo (¡ay Dios!) una tarde en esta pieza...
Isabela	Y tú entonces sé que atrevido llegaste a su cabeza, y también de su tejido azabache le quitaste una esmeralda, y sé que es esa que traes.
Duque	¿Cómo lo sabes?
Isabela	Porque tú mismo me lo contaste.
Duque	Ya me acuerdo, dices bien; pero supuesto que sabes este suceso...

Isabela	Es así.
Duque	Lo demás quiero contarte.

Como con el Rey de Francia
es mi privanza tan grande,
que de los méritos pasa,
pude atrevido arrojarme
a pedir a Blanca hermosa,
al tiempo que por el parque
en el confuso silencio
de la noche, Blanca sale,
y al Rey mis cuidados cuenta,
destila perlas a mares,
niégase a su gravedad,
y de mis temeridades
justas, por ser amorosas,
le informa allí; y como sabe
de Pierres, que le quité
la esmeralda, le dio parte
de mis deslealtades todas
juntas, aunque desleales.
Vase airada y ofendida;
pero Carlos arrogante,
con razón, con impaciencia,
defectuoso el semblante,
el aliento atropellado,
me fuerza a que le declare
si la quité la esmeralda;
que el que ser amante sabe,
aun después de las memorias
no deja de ser amante.
Dije que no; asegurose;
quedé en su gracia constante;

vínete a buscar ahora.

Isabela   Hallásteme en este parque;
y así, quisiera saber,
¿qué tiene que ver que amante
le quitases la esmeralda,
que ella a Carlos le contase,
que él se enojase contigo,
que tú le desengañases,
con que a mí también me toque
la mitad de tus pesares?

Duque   ¿Parécete a ti que no?
Pues todos han de tocarte.
Mira, yo le persuadí
a Carlos que no se case
con Blanca, pues siempre intento
ya animarle y ya obligarle
que contigo se despose,
sacando de intentos tales
tú reinar y yo privar;
si él sabe ahora, si él sabe
que el tener a Blanca amor
y que el querer desposarse
con ella, yo le ofendí
con desengaños tan grandes,
se ha de acabar mi privanza,
tú confusa has de quedarte:
y malogrado tu amor,
supuesto que ha de casarse
con Blanca, que los enojos
de los que fueron amantes,
cuando el desengaño llega
presto sea, o sea tarde

82

hace que se quieran más
de lo que quisieron antes.

Isabela   ¿Pues qué dispones?

Duque   Dispongo,
por medio más importante
que tomes esta esmeralda.

(Dásela.)

Isabela   ¿A qué efecto?

Duque   No me atajes,
que yo te diré el efecto;
advierte: tú has de llegarte,
y decir a Blancaflor
que tú propia le quitaste
del tocado la esmeralda;
y también, que porque sabes
que a mí me ha echado la culpa
quieres volver a entregarle
esta esmeralda; ella entonces,
llegando a desengañarse,
no se ha de quejar al Rey;
no quejándose, es muy fácil
asegurar mi privanza;
privando con él, te vales
de mi ruego en sus intentos;
rogando yo, he de alcanzarte
su mano, siendo su esposa;
Blanca ha de determinarse
a desposarse conmigo,
viéndome siempre constante

y al Rey inconstante siempre;
de modo, que con que allanes
esta esmeralda con Blanca,
se ofrece de nuestra parte
la fortuna; mas si ahora
me niegas cosa tan fácil,
hase de quejar al Rey,
mi intento ha de averiguarse,
he de perder la privanza,
con ella ha de desposarse,
vienes a quedar corrida
y corrido he de quedarme.

Isabela   Pues porque adviertas que quiero
hacerlo que me ordenares,
Blanca viene, vete, pues,
que yo prometo allanarte
con mi industria ese cuidado.

Duque   Pues si como dices sale,
mira, Isabela, que importa.

Isabela   Ya sé lo que es importante
cumple tú con lo que debes.

Duque   Soy noble y sabré agradarte.

(Vase.)

(Sale Blancaflor.)

Blancaflor   Sin discurso, sin alaja, sin reposo,
por lo espeso y frondoso
de este parque fragante, cuyo espacio

las márgenes circunda de Palacio,
triste me arrojo a divertir el día;
toda soy de un cuidado, nada mía.

Isabela

Si a dar vida a las flores
con cándidos amores
sales al parque, en cuyo espacio encierra
sangrías de cristal que abre la tierra,
no te cierres los ojos;
ni el llanto te suspenda los despojos
de ese cielo divino;
solo al suelo, por ser tan peregrino,
oficio es de la aurora
verter perlas divinas que atesora;
pero no llorar tanto,
pues no es en ella tan continuo el llanto,
que aunque con perlas tanta flor enfría,
al paso que ha llorado no se ría
¿qué tienes?

Blancaflor

                Este mal, este cuidado,
que por centro en mi pecho se ha encerrado,
con tu consejo mal curar se puede,
pues de tu causa pienso que procede.

Isabela

Flor, ¿no me lo dirás? Solas estamos.

Blancaflor

Mira, las dos que apenas aspiramos
a una pena, a un cuidado, a un pensamiento,
y si yo te lo cuento,
aunque mi pecho alientas,
más forzoso ha de ser que tú lo sientas;
perdona, pues, aunque mi mal preguntas,
que si hemos de sentirle entrambas juntas,

no diciéndole, alcanzo por victoria
que tenga yo el tormento y tú la gloria.

Isabela

¿Es porque el Duque priva?

Blancaflor

Al Duque olvida,
no le nombres, o haré que con mi vida
se olvide este traidor.

Isabela (Aparte.)

(En vano intento
alentar con la industria el pensamiento.)

Blancaflor

Solo me pesa que una prenda mía
le haya dado a un traidor tanta osadía;
pues estando durmiendo, del tocado,
imprudente y osado
me la quitó, y quisiera
que en mis enojos viera...

Isabela

Tente, Blanca, no agravies tu decoro.
¿Es ésta la que buscas?

(Enséñasela.)

Blancaflor

La que lloro.
¿Pero cómo a tus manos ha llegado?

Isabela

Acaso se cayó de tu tocado,
y en el estrado me la hallé aquel día;
no te hallé para dártela, y quería
que la tomes, pues yo la causa he sido,
que ni el Duque en sus manos la ha tenido,
ni yo lo permitiera
aunque tuya no fuera.

Blancaflor	Eso, Isabela, de tu engaño infiero,
	yo sé que él la ha traído en el sombrero,
	y que el criado suyo me ha contado
	que el Duque la quitó de mi tocado.
	¿Qué causa pues, te obliga
	a quererte mostrar tan mi enemiga?
Isabela	¿Yo, Blanca?
Blancaflor	O es verdad que la ha tenido,
	o que mis ojos propios me han mentido;
	si él la ha tenido, aunque la ofensa dores,
	tomarla fuera hacerle dos favores.
Isabela	¿De qué manera?
Blancaflor	Aquel favor hurtado
	no viene a ser favor.
Isabela	¿Quién lo ha dudado,
	si él la hubiera tenido?
Blancaflor	Supongo ahora, que haya sucedido.
Isabela	Pues si supones que él haya tomado,
	favor es el favor, aunque es hurtado.
Blancaflor	Luego si ahora aquel favor tomara,
	aunque haya sido mía, es cosa clara
	que doblado favor hubiera sido
	guardar prendas que el Duque haya tenido.
Isabela	Doblado el favor fuera.

Blancaflor	Pues supuesto que es cierto, considera
	que no la he de tomar, porque se arguya
	que prenda que pasó plaza de suya,
	o por acierto ya, o por osadía,
	no es razón que otra vez vuelva a ser mía;
	pues en vez de desdenes y rigores,
	si uno permito, le hago dos favores;
	pues si tomarla intento,
	que haya sido dueño le consiento;
	y lo más del favor y del empeño,
	ser dueño de lo que él ha sido dueño.

Isabela   Luego no te ofendiera
si otra vez la esmeralda le volviera.

Blancaflor   Ofenderme pretende
quien le vuelve favor con que me ofende.

Isabela   Solo tu intento espero.
¿Tú no quieres la prenda?

Blancaflor   No la quiero.

Isabela   ¿Ni al Duque quieres que la vuelva?

Blancaflor   Piensa
que a mi amistad hicieras grande ofensa.

Isabela   ¿Pues cómo se ha de hallar en esto medio?

Blancaflor   Para todo hay remedio.

Isabela   Di el remedio.

Blancaflor	Tú guardar esa esmeralda puedes,
	ya que con ella quedes,
	triunfando del favor y del despojo,
	medrar en mi cuidado y en mi enojo.
	Si tú la guardas, como amor confía,
	él no es señor de prenda que fue mía,
	aunque antes lo haya sido;
	y juntamente ahora he conseguido,
	porque a mi propio ser me restituya,
	no guardar una prenda que fue suya.
	De manera, que aquel favor hurtado
	viene a quedar del todo castigado,
	pues se queda sin él y yo me vengo
	cuando ni goza de ella ni la tengo.
	Si él con ella quedara,
	el triunfo de su amor acreditara,
	y si yo la tuviera,
	que era suya y fue mía me dijera;
	y porque no la goce y no lo diga,
	pues que siempre te precias de mi amiga;
	y pues ninguna causa te acobarda,
	de mí la oculta y de su amor la guarda.
Isabela	Pues yo digo, señora,
	que prometo servirte desde ahora
	y guardarla prometo.
Blancaflor	Y sobre todo, encargo...
Isabela	¿Qué?
Blancaflor	El secreto.
	el Rey al parque baja, y no quisiera

que me hablara, Isabela, ni aún me viera.
Esta noche tenemos
un festín en Palacio y nos veremos.
Queda, adiós.

(Vase.)

Isabela   Él te guarde;
ya no hay qué me acobarde,
pues mi intento he alcanzado;
pero Carlos presumo que ha llegado.

(Sale el Rey.)

Rey   Ni sé si el discurso mío,
ni sé si yo mismo soy,
o pienso, según estoy,
que me falta el albedrío.
Yo no sé qué puede ser
esto en que llego a morir;
lo que intento resistir
aquello voy a emprender.
Lo que olvido, eso apetezco
oblígame lo que ignoro,
lo que aborrezco, eso adoro,
lo que adoro, eso aborrezco.
Ayer a Blanca quería,
mostreme a sus quejas firme,
y hoy, sin poder resistirme,
ni aún mi voluntad es mía;
porque tanto me desvela
este mal, aún divertido,
que por verla me he venido
tras los pasos de Isabela.

¡Que este mal tan mi enemigo
me venza la inclinación,
y que pueda una pasión
lo que no pudo conmigo!
Pues no la he de hablar ni ver,
que esta pasión singular
no ha de poderse alabar
que a mí me pudo vencer.

Isabela (Aparte.)   (El Rey aún no me ha mirado,
siempre conmigo severo;
irme sin hablarle quiero
que es porfiar contra el hado
la que suspirando muere,
puesto que no puede ser
quien aborrece querer
ni dejar de amar quien quiere.)

(Hace que se va.)

Rey (Aparte.)   (Ella se va, y me desvela
tanto esta fuerza, este error,
que me lleva mi dolor
a que la llame.) ¿Isabela?

Isabela   ¿Señor?

Rey   Yo no os he llamado.

Isabela   ¿Luego vos no me nombrasteis?

Rey   No, Isabela, os engañasteis.

Isabela   Voime, pues que me he engañado.

Rey (Aparte.) (Aparte.)	(¡Hay tal pasión!) Esperad. (¿Cómo me reprimiré? ¡Válgame el cielo! ¿Qué haré?)
Isabela	¿Qué manda tu majestad?
Rey (Aparte.)	Quiero decir... (¿Qué diré?) Que vos... que bien podéis iros. (¡Qué congojas! ¡Qué suspiros!) Digo, en fin, que no os llamé.
Isabela	Pues, señor, ¿qué os enojáis, puesto que os he obedecido?
Rey	Pues tened, que ahora os pido...
Isabela	¿Qué me pedís?
Rey	Que no os vais, Isabela; sea testigo aquesta pasión, que al veros hago fuerza a no quereros y no puedo más conmigo. No tenéis que agradecer este amor o esta quimera; pues aunque forzado os quiera, os deseo no querer. Y así, pues osado animo los impulsos de mi empleo, castigad lo que os deseo y premiad lo que os estimo.

(Hablan los dos aparte, y sale el Duque con unos memoriales.)

Duque (Aparte.)   (Con el Rey está Isabela;
                       poco en llegar aventuro,
                       hoy esta pena aseguro
                       y este error que me desvela.
                       ¿Qué tardo? ¿Qué os suspendéis
                       sentidos? ¿En qué tardáis?
(Llega.)   O pienso que adivináis...
                       Mas yo llego.)

Rey   ¿Qué queréis?

Duque   Por si de Palacio sales,
                       quisiera antes que te fueras...

Rey   ¿Qué os turbáis? Hablad.

Duque   Que vierais
                       estos cuatro memoriales
                       que he consultado.

Rey   Sin mí,
                       ¿cómo vos os atrevéis?
                       ¿Cómo consultas hacéis?

Duque   Si vos me disteis aquí
                       licencia para ello.

Rey   ¿Cuándo,
                       os di licencia?

Duque   Señor,
                       por mi lealtad, por mi amor
                       me la disteis.

Rey   Pues ya mando
                     que las consultas dejéis;
                     dádmelos.

(Tómale los memoriales.)

Duque   Si os he ofendido,
                     con mi vida...

Rey   Yo no os pido
                     consejos, no me canséis;
                     idos luego.

Duque (Aparte.)   (Estoy turbado.)
                     Digo, señor, que me iré;
                     mas quiero saber por qué...

Rey   Duque, ya me habéis cansado;
                     idos.

Duque   Digo que me voy.
(Aparte.)   (¡Válgame Dios! ¿Qué será?
                     Con él Isabela está,
                     cuando en su gracia no estoy.
                     Si Blanca ahora estuviera
                     hablando con él, pensara
                     que su crueldad le obligara
                     y mi error le convenciera.
                     Mas Isabela, a quien yo
                     con tanto amor he servido,
                     ¿puede haberle reducido
                     a que no me estime? No.
                     Cielos, ¿qué puede haber sido

la causa de esta mudanza?
Ya se acabó mi esperanza.)

Rey

En fin, ¿qué, no os habéis ido?

Duque

No, señor; mas ya salía
de esta pieza, y porque si es...

Rey

Acabad.

Duque

       Si yo...

Rey

           Idos, pues.

Duque

Llegó a su término el día.

(Vase.)

Isabela

¿Y qué crédito he de dar
a quien a Blanca adoró,
a quien tanto al Duque amó
y a los dos supo olvidar?

Rey

El que sin hacer errores
escribir quiere un papel
ostentando ingenio en él
hacer suele borradores.
Pintor diestro y verdadero
que quiere mostrar el arte
en una figura aparte
hace un dibujo primero
porque defectos no haya.
En la elección y el semblante
el diestro representante

antes de salir, ensaya.
Bien claro en esto se dice
lo que por sí el alma siente;
quise amar discretamente,
y dos borradores hice.
En mi pecho imaginé
pintar, como en mármol tierno,
un amor que fuese eterno,
y aparte le dibujé.
Quise decir lo que quiero
representándote a ti,
y en el Duque y Blanca así
hice el ensayo primero.
De modo, que aquel amor
que viste arder como rayo,
no fue la verdad, fue ensayo,
fue dibujo y borrador;
que yo para ser amante
fuera del modo ordinario,
primero fui secretario
pintor y representante.

Isabela   Carlos, en fin, o quered
pagar esta voluntad,
o ingrato me despreciad
como a las demás; sabed,
que si firme me queréis,
como juzgo, como espero,
firme, amante verdadero,
una esclava en mi tendréis;
que pues tan mudable estáis
y tan neutral, es razón
que os siga la condición
la dama que más amáis.

En fin, cierro el silogismo
dándoos ahora a entender,
que éste mi amor ha de ser
como lo queráis vos mismo.

Rey

Pues si ha de ser, como espero,
serás mía eternamente,
y de tan nuevo accidente
mudar las causas infiero.

Isabela

Yo os querré si me estimáis.

Rey

Vuestro, Isabela, seré.

Isabela

Yo vuestro amor pagaré
como el que decís seáis.

(Vase.)

Rey

Amor, pues me haces querer,
y pues me quieres premiar,
o no me hagas obligar
o déjame agradecer.

(Vase.)

(Salen Blancaflor y Felina.)

Blancaflor

Pues ya anochece, Felina,
en mi pecho y en el cielo,
sírvame de algún consuelo
la música peregrina.

Felina

Olvida ya ese cuidado

de ese amor que te desvela.

Blancaflor   Muy fino con Isabela
el Rey en el parque ha estado.

Música (Dentro.)   Amor, amor, tu rigor,
Rey Dios, vence y quita leyes;
más puedes tú que los reyes,
solo es monarca el amor.

Blancaflor   Cielos, ¿cómo nos penetra
vuestro mal, y os llaman celos,
si para llamaros cielos
os falta solo una letra?
Fortuna, ¿quién se desvela
por ti si a todos igualas?
Tu rueda pintan con alas,
que no rueda sino vuela.
Razón, razón, ¿hasta cuándo
el amor te ha de vencer?
Si a espacio viene el placer,
¿cómo se nos va volando?

(Vanse.)

Música (Dentro.)   Amor, amor, tu rigor,
Rey Dios, vence y quita leyes;
más puedes tú que los reyes,
solo es monarca el amor.

(Mientras canta la música salen todas las damas y galanes de acompañamiento, y detrás el Rey.)

Isabela   Pues que ya el festín se empieza

y todas las que aquí estamos
a vuestra alteza esperamos,
entre al festín vuestra alteza.

Rey   Bella Isabela, ya voy.
(Aparte.)   (Amparad mi intento, cielos.)

Duque (Aparte.)   (Muriendo vivo de celos.)

Blancaflor (Aparte.) (Celosa y perdida estoy.)

Infanta   Supuesto que vuestra alteza
                      en esta sala ha juntado
                      de lo mejor de su corte
                      los príncipes más gallardos,
                      y pues a todos nos toca
                      celebrar todos los años
                      el día de san Dionís,
                      el Marqués y yo trazamos
                      el decir a los galanes
                      lo que han de hacer, y al contrario,
                      lo que les toca a las damas;
                      en sentándose mi hermano,
                      en el estrado se sienten.

Blancaflor (Aparte.) (Infelice noche aguardo.)

Marqués   Tu alteza tome su asiento,
                      y los nobles por sus grados
                      se sienten.

Todos   Ya obedecemos.

(Siéntanse en sus asientos, y el Rey en su silla.)

Marqués	Los músicos se dispongan todos juntos a este lado.
Músicos	Ya estamos a un lado todos.
Infanta	Para empezar el sarao, esta noche vuestra alteza no ha de ser suyo.
Rey	Obligado a que me ordenéis espero.
Infanta	Que dancéis os pido, Carlos, y para que os acompañe, que elijáis de las que estamos una dama.
Rey (Aparte.)	(No quisiera ser yo tan apasionado que elija ahora a Isabela ni a Blanca, porque es agravio de mi amor; más fácil es salir de aqueste embarazo.) Vuestra alteza habrá de ser, supuesto que me ha empeñado, la que dance. Toquen, pues.
Isabela (Aparte.)	(Poco le he debido a Carlos.)

(Tocan y danzan la Infanta y el Rey, y luego sigue el sarao.)

Marqués	Versos se siguen ahora.

100

Infanta	Empiece Blanca.
Blancaflor	Aunque falto a tu obediencia, señora, perdona, que no he cuidado de entregar a la memoria versos gustosos.
Infanta	¿Acaso no sabréis algún soneto? ¿Es posible?
Blancaflor	Es triste, y tanto, que me enternece el saberle, aunque es bueno; y si le alabo, es porque es de pluma ajena.
Infanta	Dile, pues.
Blancaflor	A un soberano infante, liberal, cuerdo, que falleció en breves años.

Yace aquí Celso, el más piadoso y fuerte
el liberal con ansia tan crecida,
que gastó solo el tiempo con medida,
y él hizo el recibir fuerza y no suerte.

Púsose, no murió, pues le convierte
su fama a edad de edades desasida;
el nombre le heredó toda la vida;
algo tuvo de fin, nada de muerte.

Dice el dolor que feneció temprano
Celso, que como abeja el dulce fruto
dejó acabado, niega el presupuesto.

Sobra en el mundo quien pasó de humano,

acabó su valor, dio su tributo,
presto acabó, porque espiró tan presto.

Infanta   Ahora toca a tu alteza
            decir otro.

Rey   A una esmeralda
            que trae Isabela puesta
            en el tocado, he trazado
            alabar en esta décima:
            Dice así:

Isabela   Tente, señor,
            que fuera grande bajeza
            no agradecer los favores
            que mi voluntad confiesa.
            Cuando una persona alaba
            algún caballo, una prenda,
            como una joya, una espada
            y un diamante, el dueño de ella
            debe ofrecerla cortés.
            Yo soy dueño de esta prenda
            que vos queréis alabar,
            y puesto que ha de ser fuerza
            que en alabándola os haga
            su dueño, muy poco hiciera
            en darla siendo alabada;
            darla antes, será fineza
            y lo demás cortesía;
            y así, porque no se entienda
            que aguardo a que la alabéis,
            os quiero hacer dueño de ella
            pues consigo de este modo
            que vos me debáis siquiera

un deseo adelantado
y una voluntad discreta;
tomad, señor, la esmeralda.

Rey

Decid, señora, una estrella
que se apartó de su cielo
con ser el cielo su esfera;
y porque huyó... que si no...
no hay amor como la guerra...

(Aparte.)

(¿Qué he dicho? ¡Turbado estoy!)
Prosiga el festín.

Conde (Aparte.)

(Su alteza
ha mudado la color.)

Duque (Aparte.)

(¿Qué enigmas pueden ser estas?)

(Tocan y danzan.)

Rey

¿Marqués?

Marqués

¿Señor?

Rey

A este lado
me atended.

Marqués

Decid.

Blancaflor (Aparte.)

(¡Qué pena!)

Rey

Decidme, Marqués, si un rey,
que ser único emprendiera,
olvidado de ser suyo,
llevado de alguna fuerza,

pretendiera una vasalla
por esposa y por su reina,
¿qué dijeran de este rey
todos los suyos?

Marqués   Dijeran
que no era rey de sí mismo,
que el vulgo se desenfrena
a los juicios.

Rey   Y si luego,
dejando esta dama mesma,
criara un nuevo privado,
y sin que te hiciese ofensa
le arrojara de su gracia,
¿qué dijeran?

Marqués   Que era afrenta
del vasallo, y que era el rey
inconstante.

Rey   ¿Y si con nuevas
inquietudes y mudanzas
a otra dama pretendiera,
vasalla suya también?

Marqués   Que era encanto, o que era fuerza
de rigor y de inconstancia.

Rey   Luego de aquesta manera,
yo no he vivido conmigo,
puesto que pasa a evidencia
que ciego y confuso siempre
no supe de mis potencias,

y que fui rey a ventura
de un encanto que me lleva.
El que tuvo un accidente,
mientras dura la inclemencia
de aquel rigor y aquel fuego,
tanto al fuego se sujeta,
que él mismo se duda allí;
pasa el fuego, y la materia
se consume o el sujeto,
aunque mortiguado queda,
queda, en efecto, el que fue.
Lo mismo en mí considera;
tuve accidente de amor,
extendiose la materia;
quise a un privado, dejele;
he conquistado a Isabela;
hase apagado el volcán;
hase apurado este Etna
y he vuelto a ser el que fui.
Y así, supuesto que era
rey antes de mi albedrío,
es razón que Francia sepa
que fue accidente, y que ya
médico naturaleza
me ha reducido a mi ser,
puesto que no pudo ella
quitarme el ser con que fui,
pues puede, enando más pueda,
suspenderme el ser de hombre,
mas no quitarme la esencia.
¿Vasallos...

Blancaflor   Tente, señor,
y puesto que te confiesas

rey solo de tu albedrío,
será razón que me atiendas:
breve seré, no me niegues
los oídos a la lengua,
y débate yo atenciones,
pues nunca debí finezas.
Esa margen cristalina
que esos arroyos argentan
consultaba yo una tarde
al paso de mis tristezas,
cuando tus criados bajan
averiguando esa selva,
que iban buscando a un lombardo
que con encantos intenta
suspenderte el albedrío,
cuando a mis pies se presenta
pidiendo humildes socorros,
donde sus canas me fuerzan
a perdonarle la vida;
y obligado, aquesa piedra
me dio, sin decir las causas
que por los astros observa;
mas ser su afecto el de amar
no permite contingencias.
Por ella a mí me adoraste,
al Duque honraste por ella
y por ella últimamente
adorabas a Isabela.
Ahora la he conocido
de los efectos que encierra;
y así, supuesto que antes
de este encanto, de esta fuerza,
a mí por mí me querías,
es bien que por mí me quieras,

supuesto...

Rey   Blanca, detente,
si presumes o si piensas
que no he de saber vencerme;
mi resolución es ésta.
Dime ¿qué hubiera logrado
o de qué importancia fuera
encontrar con este encanto
que el alma tuvo suspensa,
si contigo me casara?
Ni a tu amor, ni al de Isabela
pienso dedicarme amante
con las pasadas finezas.
Yo he de ser rey de mí mismo,
porque el rey Lombardo vea
que si él intentó vencerme
con encantos, con quimeras,
yo mismo con su instrumento
le he de hacer a él mismo ofensa
y para que mis acciones
solamente me parezcan
y no las que en otros mire
a mí solamente buenas,
y ser el rey de mí propio,
he de guardar esta piedra
dándole justo castigo;
o despósese Isabela
con el Conde o no despose,
o el Duque su esposo sea,
o no lo sea tampoco,
yo he de ser el que me venza.
Y si han de llamarme el Magno,
como escritores enseñan,

hoy tendré feliz principio;
consigo desta manera
tres cosas a un mismo tiempo,
son que mi enemigo crea
que su encanto no ha bastado;
que ni Blanca ni Isabela,
con la ambición de reinar,
esta corona pretendan;
y la última, en efecto,
será, que el Senado vea
una comedia sin muerte
y sin bodas; el poeta,
por ser caso verdadero,
aunque imposible os parezca,
esta comedia os escribe;
si os ha parecido buena,
la honrad, y si no lo fuere
solo, y consuelo le queda,
que ha de decir el Senado,
que son los hombres quien yerran.

Fin de la comedia

Libros a la carta

A la carta es un servicio especializado para
empresas,
librerías,
bibliotecas,
editoriales
y centros de enseñanza;
y permite confeccionar libros que, por su formato y concepción, sirven a los propósitos más específicos de estas instituciones.

Las empresas nos encargan ediciones personalizadas para marketing editorial o para regalos institucionales. Y los interesados solicitan, a título personal, ediciones antiguas, o no disponibles en el mercado; y las acompañan con notas y comentarios críticos.

Las ediciones tienen como apoyo un libro de estilo con todo tipo de referencias sobre los criterios de tratamiento tipográfico aplicados a nuestros libros que puede ser consultado en Linkgua-ediciones.com.

Linkgua edita por encargo diferentes versiones de una misma obra con distintos tratamientos ortotipográficos (actualizaciones de carácter divulgativo de un clásico, o versiones estrictamente fieles a la edición original de referencia).

Este servicio de ediciones a la carta le permitirá, si usted se dedica a la enseñanza, tener una forma de hacer pública su interpretación de un texto y, sobre una versión digitalizada «base», usted podrá introducir interpretaciones del texto fuente. Es un tópico que los profesores denuncien en clase los desmanes de una edición, o vayan comentando errores de interpretación de un texto y esta es una solución útil a esa necesidad del mundo académico.

Asimismo publicamos de manera sistemática, en un mismo catálogo, tesis doctorales y actas de congresos académicos, que son distribuidas a través de nuestra Web.

El servicio de «Libros a la carta» funciona de dos formas.

1. Tenemos un fondo de libros digitalizados que usted puede personalizar en tiradas de al menos cinco ejemplares. Estas personalizaciones pueden ser de todo tipo: añadir notas de clase para uso de un grupo de estudiantes, introducir logos corporativos para uso con fines de marketing empresarial, etc. etc.

2. Buscamos libros descatalogados de otras editoriales y los reeditamos en tiradas cortas a petición de un cliente.

www.ingramcontent.com/pod-product-compliance
Lightning Source LLC
LaVergne TN
LVHW041159080426
835511LV00006B/674